AF562367

Art. 3. Tout sociétaire sans travail sera dispensé de payer et devra se faire inscrire au Comité central, le Dimanche, de dix heures à midi.

Art. 4. Auront droit aux secours : 1.° Tout sociétaire qui sera remercié pour avoir soutenu ses droits sans avoir commis ni rebellion ni désobéissance ; 2.° tous les sociétaires dont le travail serait suspendu pour des réparations devant durer plus de deux jours.

Art. 5. Quand un ouvrier sera renvoyé de sa fabrique pour une cause indépendante de sa volonté, les autres ouvriers devront en rendre compte au comité pour qu'il ait droit aux secours.

Art. 6. Quand un ouvrier sera renvoyé d'une fabrique pour mauvaise foi dans le travail, inconduite habituelle, ivrognerie, etc. ; les autres ouvriers devront également en rendre compte au comité pour que tout secours lui soit refusé.

Art. 7. Tout sociétaire connaissant un métier vacant, devra, sans perdre de temps, le faire savoir au comité.

Art. 8. Tous les sociétaires travaillant dans un atelier où il y aura des métiers vacants, devront, par tous les moyens possibles, faire entrer des sociétaires préférablement à des étrangers, cela entre d'ailleurs dans l'intêret commun.

N.°

RÉGLEMENT

DE LA

SOCIÉTÉ RÉPUBLICAINE

DES FILEURS DE LILLE.

Union Fraternelle.

ART. 1.er Le but de la Société est de subvenir aux besoins des travailleurs, de leur permettre de s'aider mutuellement, de prendre entr'eux des mesures fraternelles nécessaires et utiles à leur bien-être commun.

ART. 2. La mise de fonds sera de 15 cent. par semaine. (Quand les affaires reprendront leur cours, on augmentera la mise comme la Société le jugera convenable.)

Art. 9. Les délégués de chaque section devront se rendre, tous les Dimanches, de dix heures à midi, au siège de la Société.

Art. 10. La Société n'accordera de secours qu'à dater du 20 Juillet.

Art. 11. Aussitôt le réglement adopté, tout individu désirant faire partie de la Société devra verser une somme de 2 fr., et sera trois mois sans participer aux secours, tout en payant cependant sa cotisation hebdomadaire.

Art. 12. Les questions de salaire ne pourront être traitées qu'à la reprise du commerce.

Art. 13. Les sociétaires s'entendront entr'eux pour le Réglement et devront tous travailler au même prix et le même nombre d'heures.

Art. 14. Celui qui manquerait à ce que la majorité aurait décidé ou qui trahirait son camarade, serait renvoyé sans rien recevoir.

Art. 15. Celui qui quitterait volontairement la Société, n'aurait droit à aucune réclamation.

Art. 16. Tout sociétaire sans travail aura droit à 1 fr. 50 cent. ou 2 francs par jour selon les ressources de la caisse. (On se consultera à cet égard, quand les mois seront écoulés.)

Art. 17. A la même époque on se consultera aussi pour savoir ce qu'on devra accorder aux invalides.

Art. 18. Tout sociétaire qui ne paiera pas sera exclu.

Art. 19. Les fonds seront déposés à la Caisse d'épargne par somme de 100 fr.

Art. 20. On ne pourra disposer de l'argent sous aucun prétexte, sans avoir préalablement consulté les délégués.

Art. 21. Chaque sociétaire aura un réglement conforme.

Art. 22. Chaque membre aura le droit de vérifier les livres.

Art. 23. Nommés à l'élection, l'obéissance est due au Président, et autres chefs du bureau, le Réglement leur donne plein pouvoir.

Art. 24. Tout membre pris de boisson ne sera pas admis dans sa section.

Art. 25. Tout sociétaire qui querellerait ou se battrait sera exclu.

Art. 26. Tout sociétaire qui aura des réclamations à faire devra s'adresser au chef de sa section ou au comité central.

Art. 27. Quand les trois mois seront écoulés, on fera un Réglement plus détaillé sur les questions de salaire et de secours pendant ce temps, on s'en occupera dans chaque section et à chaque rénion; le secrétaire inscrira les articles qni devront être ajoutés au réglement et les délégués les apporteront au comité central.

Art. 28. Après l'adoption du réglement, les réunions auront lieu tous les quinze jours et l'on convoquera au besoin.

Art. 29. Le présent réglement sera soumis aux délégués de chaque atelier.

Art. 30. Si quelques articles non prévus dans le réglement, venaient à surgir, une assemblée générale aura lieu dans les sections, et la décision votée par la majorité fera partie dudit réglement.

Fait au siège de la Société républicaine des Fileurs de Lille, le 24 Avril 1848.

THÉROUSSE, *Président* ; BOULENT, *vice-président;* L'HOMME, *secrétaire ;* DEUMIAUX, DESNEULIN et LE-CLERCQ, *commissaires.*

Je soussigné, Préfet de la République dans le département du Nord, déclare approuver, en tant que de besoin, le réglement ci-contre adopté par la Société républicaine des Fileurs de Lille, sauf les modifications que les décrets de l'Assemblée Nationale, ou les arrêtés du Ministre du Commerce pouvaient y introduire dans l'intérêt général du travail et conformément aux institutions de la Rébublique.

Fait à la Préfecture, à Lille, le 13 Juin 1848.

A. DURANT ST.-AMAND.

Lille. Imp. de Lefebvre-Ducrocq.

www.ingramcontent.com/pod-product-compliance
Lightning Source LLC
LaVergne TN
LVHW010322230826
846091LV00009B/3752